BOUTADE

POLITIQUE

EN BOUTS RIMÉS

Et moi aussi, comme Belmontet, je veux
faire de mauvais vers.
Vive la liberté ! que diable ! et j'en use.
Plutôt mal rimer et..... bien penser.

PARIS

IMPRIMERIE MORRIS PÈRE ET FILS

64, RUE AMELOT, 64

—

1870

BOUTADE POLITIQUE

BOUTADE

POLITIQUE

EN BOUTS RIMÉS

Et moi aussi, comme Belmontet, je veux
faire de mauvais vers.
Vive la liberté! que diable! et j'en use.
Plutôt mal rimer et..... bien penser.

PARIS

IMPRIMERIE MORRIS PÈRE ET FILS

64, RUE AMELOT, 64

1870

UN RÉPUBLICAIN

GRINCHEUX, SCANDALISÉ ET NAÏF

A LA CITOYENNE

OPPOSITION [1]

Il est temps de sortir du dédale où nous sommes ;
La honte et l'esclavage sont-ils faits pour les hommes ?
Les ateliers d'Haussmann sont cause de nos maux ;
Tant de gâchis nous tue... *Vivent les nationaux !*
Tout ce qu'il bâtit est absurbe et fort mal ;
Tout... depuis l'Opéra jusques à l'Hôpital,
Tout, *sans exception*, et... je ne comprends pas
Que l'on supporte ça... plutôt.... mille trépas !

Notre France, *indignée* d'un régime aussi plat,

[1] Pourquoi ne pas la personnifier ?... Philippe d'Orléans, le régicide, se fit bien appeler *Égalité.*

Vous convira bientôt à gouverner l'*État*.
Réunissant, alors, les suffrages populaires,
Bien mieux que Badinguet vous ferez nos affaires?
Tout marchera droit sous ce ciel calme et doux,
Et vous aurez pour vous l'approbation *de tous*.

Rochefort présidera... et, sous ce gaillard-là,
Plus d'abus.... un vrai patriote, celui-là !.....
Il voit, il comprend parfaitement les choses,
Et..., grâce à lui, nous marcherons sur des roses,
Un peu rouges, il est vrai... mais... qu'est-ce que ça fait?
C'est un réformateur; *c'est un plus-que-parfait ;*
Il soufflette les gens, les ministres au besoin
(Nous devons applaudir à ce généreux soin);
Il dit aux rois leur fait, et c'est d'un bon effet.
Pour fustiger ce monde, que faut-il?... Du toupet,
Et... il en a '... Quand il reviendra, ce sauveur,
Alors, seulement, cessera notre malheur.

Ainsi que don Basile chantant la calomnie,
Il dit de ces choses qu'entre nous j'apprécie;
Mais... ne croyez pas qu'il plaisante et vous berne:
C'est de l'Évangile que sa docte *Lanterne:*

' Effectivement, sa chevelure hérissée est superbe, comme son
noble cœur *indigné.*

D'ailleurs, cela le montre et puis cela le pose ;

Puis, enfin, pour sa peine il empoche quelque chose.

Sa tactique est habile et, dans le monde entier,

Jamais un montagnard ne sut mieux son métier.

Les lecteurs empressés de donner leurs huit sous,

Se trouvant convaincus, *tourneront tous pour vous ;*

Bref, avec la *logique* et la *reconnaissance*

Qui règnent dans nos cœurs (moins les cas d'absence),

Nous devons proclamer que, dans le genre humain,

Rien *n'est parfait que nous* (et rien n'est plus certain

Oui, oui, *sans présomption, sans orgueil despotique,*

Nous reverrons bientôt la sainte république ;

Avec elle, tout homme sera bon, respectable,

Grand, patient, *généreux ;* qui sait ?... impeccable !

Nos mœurs, adoucies jusqu'au sein domestique,

Seront honnêtes et pures... (ici point de réplique...)

Et le vil intérêt, fléau de nos familles,

Ne tourmentera plus nos fils ni nos filles.

Plus de haines farouches, de jalouses passions,

Car la paix régnera sur toutes les nations.

Noyons donc dans la boue cet ignoble égoutier,

Ce paresseux despote [1] et stupide nautonnier,

Dont la barque chavire à nos yeux dégoûtés ;

---

[1] Les flatteurs prétendent qu'il se lève à quatre heures du matin, mais... j'ai pris mes renseignements : il *dort encore.*

Les peuples ses voisins le fuient de tous côtés [1]
Instrument inutile dans les temps où nous sommes,
Renvoyons vite à Ham ce vil fléau des hommes ;
Livrés à nous, à vous, en parfaite équité,
Nous conduirons le char avec *fraternité*.
Venez-nous donc en aide, vous, généreuse amie ;
Chassons les gaspilleurs [2] et sauvons la patrie.

Aux armes !

Aux armes !

(Ici, ne vous en déplaise,

Ouvrons une parenthèse.)

N'est-il pas vrai, mon cher ami lecteur,

Que vous et moi, en sotte compagnie,

Bien souvent,

Trop souvent,

Avons ouï cette bave et cette calomnie,

Capable en vérité, de faire lever le cœur,

[1] Quant aux grands visiteurs de l'Exposition... on m'a affirmé qu'ils étaient *des gens payés* ou des personnages en carton, et pour moi *je le crois*.....

[2] Cependant, je n'y comprends rien : quand ces canailles-là ouvrent un emprunt, nous, imbéciles, nous nous empressons de le couvrir ! et si le tyran est pris d'une colique, vite on court chez l'agent de change pour vendre au rabais.

S'efforçant de salir le penseur couronné,

Dont l'esprit à la haine est cependant fermé...

Rend le bien pour le mal, sait mépriser l'injure

Dont tant de Français se font une parure.

Car, rien ne manque à leur odieux langage...

Après le *sobriquet*... c'est l'insulte et l'outrage.

De tous ses bienfaits... pas la moindre mémoire.

Mais... chez nous c'est ainsi que l'on écrit l'histoire.

Enfin, laissons parler notre aimable toqué,

De sur nos intérêts si bien illuminé...

Il se ravise... il hésite, et... pour conclure,

Il patauge à pleins bords dans cette conjecture.

Écoutons,

Écoutons.

Mais, hélas ! j'y pense... si la race despotique,

Effrayée de nos soins, allait fermer la boutique.....

Ou bien si la discorde, aux sentiments jaloux,

Venait, par malheur, se glisser parmi nous.....

Et qu'il nous faille encore, *pour la troisième fois*,

Abandonner la place et resubir les rois.....

Ou bien (en imitant la *barboteuse Espagne*),

Pour refaire un choix... nous battions la campagne...

Si certain marasme, né des convulsions,

Faisait fléchir la rente... et baisser nos actions....

Et si les ouvriers, se trouvant sans ouvrage,
Maudissant leurs sauveurs, la pâleur au visage,
Frappaient à notre porte en demandant du pain,
Nous donnaient à leur tour un revers de la main.....
Nous traitant d'oublieux, de jaloux, d'imposteurs,
Et, mille fois *plus qu'eux*, de grands démolisseurs !...
Que ferions-nous alors..... et comment nous tirer
De ce très-dangereux et terrible guêpier ?

. . . .

. . . .

Mais non, mais cent fois non ; mon alarme est extrême,
La république fera tout, et par elle-même ;
Une économie sage se montrera partout,
Ou (si vous l'aimez mieux) *ne fera rien du tout*.
Allons... soyons sincères, au diable l'avenir !
Nous voulons, nous aussi, nous engraisser, *jouir*...
Enfin, soyons carrés et laissons le mystère :
Sous ce roi fainéant, *rien ne saura nous plaire* ;
Qu'il fasse blanc, qu'il fasse noir, peu importe !
Ce que nous voulons.... c'est le f..... à la porte.
Le pays (entre nous) n'est pas ce qui nous touche ;
Notre *haine avant tout !* elle est dans notre bouche,
Elle est dans notre cœur et dans notre nature,
Et, pêcheurs affamés, nous voulons la pâture.

Ce qui est bon à prendre, à garder est fort bon ;
Le *poisson vit d'eau trouble... Nous serons le poisson.*

Après ce beau discours très-fort, *très-érudit,*
Un marchand qui passait, tranquillement répondit :
De cet excès d'humeur je ne vois pas la cause :
Pourquoi donc s'emporter, mon ami, quand on cause?
Quant à moi, sagement, dit-il, je me contente
De veiller à mon grain, de protéger ma tente
(Qui peut servir d'abri à plus d'un travailleur,
Qui prendra pour devise : la justice et le cœur);
De faire quelque bien, conserver mes amis
(Pour charmer, *s'il se peut,* de plus *graves ennuis*);
Et..... je ne songe pas dans tant de profondeurs
A corriger le monde ni à verser des pleurs.
Mais pourtant il serait, dit-il, de bon aloi,
Et *loyal* surtout, de me dire *pourquoi*
Dans notre belle France on a la mémoire
Toujours de nos malheurs, *jamais* de *notre gloire?*
Pourquoi ?... Avec douleur je m'en vais vous le dire
(Quoique de mon pays je n'aime pas à médire) :
C'est que chez nous, bavards, le *patriotisme absent*
Réduit nos qualités à peu près à néant ;
Qu'un banal ergotage, au lieu de la raison,
S'infiltre dans nos veines et *devient un poison;*

Que notre ingrat pays, en ne voulant rien voir,
Nîrait, en vérité, la clarté du miroir.
Mais !... mais que ressort-il de ce noble courroux ?
.. Que l'étranger profite et se moque de nous.

. . . .

Le bonheur nous pèse... il semble, en vérité,
Que nous serions fâchés de la prospérité.....
Il vaudrait mieux pourtant, en sage politique,
Laisser là tant de haines... et soigner la boutique,
Au lieu de tous ces cris (craintes exagérées)
Qui ne sont après tout que des billevesées.

Ainsi parla le petit marchand, et puis tout simple-
ment il renvoya la *pauvre victime* à ces vieilles allégo-
ries que tout le monde connaît, mais.... que tout le
monde oublie.

Relisez, lui dit-il :

Le Meunier, son Fils et l'Ane,

La Paille dans l'œil du voisin,

Les Membres et l'Estomac,

Les Pygmées de 34 centimètres de haut voulant lutter
avec Hercule,

Sisyphe et son Rocher,

Le Tonneau des Danaïdes;

Et surtout n'oubliez pas *les Grenouilles qui deman-*
dent un roi ?

Savez vous ce que répondit notre scandalisé ?

Flûte ! vous m'emb..... par vos citations,
Qui, quand le *pays meurt,* ne sont pas des raisons.
Qu'est-ce que vos grenouilles?..je n'connais pas tout ça ;
Je vais à mon club, et je ne sors pas de là.
Quel est ce Sisyphe?... je ne vous comprends pas.
Allez, gardez pour vous tout ce galimatias.
Ce qu'il me faut, à moi : c'est, c'est la liberté
De *faire ce qui me plaît,* voilà la vérité.

Et puis, d'un air farouche, il s'en alla sans doute
Pour chercher des bravos dans la *salle* Redoute,
Pérorer, gouailler, rêver à ses chimères,
Mais.... sans dire un *seul mot* des crimes de ses pères,
Qui, monstres horribles, aux fougueuses erreurs,
Ont *couvert* la *France* de sang et de malheurs.

      Encore un mot et j'ai fini,
      Et vous de dire : Dieu merci !

Vous, crédules *bourgeois,* d'éternels préjugés,
De fantômes, d'erreurs, d'ignorance assiégés,

A vos fils égarés n'ouvrez pas une tombe;

Craignez, craignez qu'un jour la France ne succombe

Sous vos folles idées,

Creuses, archi-usées,

Sous vos instincts jaloux

Bons à nous perdre tous;

Bref, pour faire la rime avec Rigolboche

(La fameuse

Cascadeuse),

Vous n'êtes, en vérité, que *la mouche du coche* ;

Souvenez-vous de Chrysale en parlant à Bélise [1]

(Celui-là, je le crois, ne dit pas des bêtises) :

« Raisonner est l'emploi de toute ma maison,

« Et le raisonnement en bannit la raison. »

Imitez les Anglais, ces fiers conservateurs :

L'union est la source de toutes leurs grandeurs.

Mais... chez vous protection.... amour de la patrie

Ne sont pas dans vos mœurs!! Et c'est une infamie.

F. F.

[1] Dans *les Femmes savantes*.

1662 Paris. — Typ. Morris père et fils, 64, rue Amelot.